Florence Botto

# L'écho de l'Inde

Recueil de poèmes

# SOMMAIRE

**PROLOGUE**..................................................................................7

Rêve d'Inde ..................................................................................8

L'Inde au superlatif ....................................................................10

L'Inde aux mille couleurs ..........................................................12

La lumineuse Banaras ..............................................................14

Le vénérable Gange ..................................................................16

Le prodigieux massage ayurvédique ........................................18

L'âme indienne ..........................................................................20

Les sages de l'Inde....................................................................22

Les deux grandes épopées ......................................................24

Le divin *yoga* ............................................................................26

Le nombre empli de joie ............................................................28

Les temples sereins ..................................................................30

Les musiques et chants célestes...............................................32

Les danses épiques de l'Inde....................................................34

**Les sublimes saris** ...................................................... 36

**La prestance de la femme indienne** ................................. 38

**Les saveurs multiples de l'Inde** ....................................... 40

**Le riz, la céréale incontournable** ..................................... 42

**Les délicieux légumes et fruits** ....................................... 44

**Les épices précieuses** ................................................... 46

**Le thé, un nectar particulier** .......................................... 48

**Le lotus sacré** ............................................................... 50

**L'Inde, mosaïque de fleurs et d'insectes** ......................... 52

**La vache céleste** ........................................................... 54

**Le seigneur de la forêt** .................................................. 56

**L'éléphant majestueux** .................................................. 58

**Le conducteur de rickshaw** ............................................ 60

**ÉPILOGUE** ..................................................................... 63

**GLOSSAIRE** ................................................................... 65

© 2015 Florence BOTTO
Editeur BoD – Books on Demand
12/14 rond-point des Champs Elysées
75008 Paris
Impression BoD – Books on Demand, GmBH, Norderstedt
Allemagne

ISBN : 9 782810 628636

Dépôt légal : décembre 2015

Au clair de lune, lorsque tout est couleur albâtre,
Eclairée de la splendeur d'un rayon de l'astre,
Je m'imprègne du silence bien audible du monde,
Et perçois non loin de moi le souffle de l'Inde.

# Rêve d'Inde

Dans les rêves des étrangers l'Inde est idéalisée
Du rêve à la réalité de bien nombreuses années
Se sont très souvent écoulées et n'ont fait qu'attiser
Le désir de visiter ces paysages surannés.

Que la nature dans son ensemble est étonnante,
Que de merveilles architecturales sont présentes,
Que les coutumes ancestrales sont surprenantes,
Que de légendes sont transmises car passionnantes.

Il y a tant à observer et voir
Il y a tant à entendre et comprendre
Il y a tant de choses à percevoir
Il y a tant de la vie à apprendre…

Beaucoup viennent en Inde pour étudier les *Védas*
Ils permettent de trouver l'harmonie sous son toit
Et de façon plus globale c'est l'*ayurvéda*
Qui te fortifiera au plus profond de toi.

Tu vivras alors dans un lieu où le temps est cyclique
Et comprendras soudain l'intérêt des réincarnations
Pour parfaire dans cette succession de vie ton initiation
Lors d'expériences pouvant se révéler épiques.

Participer aux cérémonies où l'on vénère la nature
Totalement immergé au cœur d'une foule d'esprits matures
Fait naître un sentiment d'immensité et de diversité
Qui au final se traduira par un ressenti d'unité.

Croiser le regard d'un sage authentique
Nous éblouit par la simplicité
De sa présence : c'est une preuve unique
Et évidente de véridicité.

L'Inde se vit intensément ; elle est si lumineuse.
Ce pays d'une générosité fabuleuse
Est pour le visiteur une invitation constante
À savourer son rythme intérieur dans la détente.

Il n'y a rien à faire si ce n'est contempler
Longuement en silence afin de s'accoupler
Avec le divin sans contradiction
Sur le chemin de la libération.

# L'Inde au superlatif

L'Inde est un pays qui séduit tous les visiteurs
Les professionnels ainsi que les amateurs
Quel miracle cette fulgurante créativité
Qui se déploie en spirales de vitalité.

Ici beauté rime avec nature éclatante :
L'Himalaya et ses plus hauts sommets dorés,
Le Gange, fleuve à travers toute l'Inde vénéré,
Les Sundarbans, des parcelles flottantes palpitantes,

Les Backwaters du Kerala, reflets d'un minéral compendieux,
L'hallucinant désert du Thar qui s'étend à l'infini vers Dieu
Et les trapps du Deccan témoignant d'un volcan damasquinant
Tout comme les moussons annuelles aux effets surprenants.

Cette mobilité est souvent dans la pierre incrustée :
Le temple de Konarak se visite sans discontinuer,
On vénère le soleil qui donne à l'esprit sa clarté
Malgré la chaleur intense qui soulève d'épaisses nuées

Et ainsi, pris dans le tourbillon de la vie quelque peu artificieux,
L'espace de quelques instants qui se prolongent telle la fumée d'une bougie,
On intègre une bulle de silence et de beauté - un moment précieux -
Dont l'être humain a un besoin vital pour retrouver une belle énergie !

À Mahabalipuram, la pénitence d'*Arjuna* ou descente du Gange
Est exposée dans le bas-relief le plus grand au monde comme un tatouage.
L'œuvre exprime une plénitude qui réconcilie les êtres près de l'eau.
Cette merveilleuse création se déploie en un fabuleux halo.

Il est plaisant de s'absorber pleinement dans la contemplation
D'œuvres d'art qui jalonnent le pays invitant à s'intéresser
Avec étonnement aux multiples civilisations du passé.
Bien que d'un autre temps, elles sont belles ces nombreuses représentations.

Issues de la magie des artistes d'antan
Elles ne furent pas épargnées par le temps
Mais sublimées par cette longue attente
Gardant ainsi des mystères, les prudentes.

En Inde beauté rime évidemment avec très sacré :
L'eau à laquelle on rajoute *Ganga* détient un secret,
Gangotri est un lieu visité échancré,
Banaras une ville sainte des plus consacrées.

En Inde beauté rime avec vénération du jour nouveau
Grâce au *rangoli*, création qui annonce un renouveau.
Je me délecte de la beauté de ce tracé unique :
Il est précis et léger et demande de la pratique.

En Inde beauté signifie amour réel empreint de densité :
Le *Kama-sutra* traité menant vers la spiritualité,
Khajuraho vibrant de désir du fait des sculptures érotiques ;
Et le *Taj Mahal* – à Agra – reflétant un amour idyllique.

# L'Inde aux mille couleurs

En Inde le vert est une couleur très présente dans de nombreux paysages
Telles les immenses forêts, les plantations de thé ainsi que les rizières
Tout comme le blanc des monts de l'Himalaya qui invitent à la prière
Et l'ocre délavé du désert du Thar induisant parfois des mirages.

Heureusement qu'il y a pour nous inviter au silence le bleu présage très sage
Des eaux tigrées de l'océan Indien, des lacs, des torrents et des rivières.
Et le marron qui prédomine dans les parcelles cultivées aux divers visages.
Que dire de Jaisalmer somptueuse avec sa forteresse de grès jaune en guêpière.

Jaipur la ville de la victoire est d'une couleur laurier-rose :
Cette cité aux façades peintes est réalisée en grès rose.
Jodhpur s'habille d'une tonalité de bleu éblouissante.
Quant à Pushkar de blanc vêtue elle est vraiment très charmante.

À Amritsar lorsque le temple s'éclaire dans l'obscurité
Il n'y a plus que la couleur or comme seule tonalité.
C'est à Agra qu'un ingénieux éclairage du lumineux
*Taj Mahal* dévoile sa blancheur dans un cadre faramineux.

Au Tamil Nadu la visite de ses nombreux temples
Surprend par la multitude des sculptures colorées
L'on s'égare dans diverses légendes que l'on contemple
À la recherche d'un récit non encore défloré.

C'est alors au frais dans une bibliothèque ou un musée
Que l'on ira admirer des fresques pour se dépayser
Elles aussi représentent des splendeurs enluminées
D'une époque où tous étaient par l'art aiguillonnés.

En Inde toutes les couleurs désirent faire la fête
En toute occasion comme un état de fait
Ce qui donne au pays une allure enjouée
Qui jaillit sur ces sourires sans cesse rejoués.

La couleur des *saris* diffère avec les évènements au cours d'une vie :
Lors d'un mariage, un rouge époustouflant est la tonalité qui ravit ;
C'est au niveau des *ghats*, que l'on peut apprécier cette grande diversité :
Que de subtilités dans les motifs, les nuances et les qualités.

Penser à la grande Inde c'est visualiser des *sadhus* convenus ;
Ces renonçants portent de longues tuniques couleur safran ou orange.
Lors de certaines fêtes, nombreux sont ceux qui circulent complètement nus
Les profils argent des shivaïtes recouverts de cendres sont bien étranges.

Et la touche de rouge peinte sur le front des jeunes et des aînés
Se retrouve sur les mains qui arborent des dessins au henné ;
Il en est de même pour leurs pieds très joliment décorés :
Quelle patience affichent ces artistes courbés sur leur tabouret !

Les devants des portes sont chaque jour finement poudroyés.
Concernant la décoration, les animaux sont choyés :
Les éléphants du Rajasthan ont des allures de grands mages,
Ce n'est pas le cas, lors de certaines fêtes, des humains peu sages.

« *Bura Na Mano, Holi Hai* » signifie ne soyez pas fâché, c'est la *Holi*.
Lors de la pleine lune du mois de *Phalguna* les indiens et touristes embellis,
Avec leurs corps multicolores et mouillés, ont des allures de lézards arc-en-ciel :
L'on célèbre l'équinoxe de printemps dans une fanfare de pigments qui s'élève au ciel.

## La lumineuse Banaras

Pendant que les bateliers s'affairent à ramer
Les visiteurs semblables à des paparazzis
Mitraillent le paysage en leurs barques arrimées
Pour étudier le passé de Varanasi.

Au fil de la balade s'égrène un chapelet de vestiges :
Les palais des *maharajas* qui émergent tels des mirages,
Les très nombreux temples aux origines différentes et qui durent,
Entre lesquels s'insinuent des monuments de belles mesures.

Tant de siècles traversés en quelques minutes qui nous plongent
Subtilement dans des atmosphères absolument diverses ;
L'ensemble se reflétant dans les eaux scintillantes du Gange
Qui joue le rôle d'un miroir de cette incomparable richesse.

Banaras jouit aussi d'un passé exemplaire :
Il est dit que *Shiva* creusa un puits bien bâti
Pour y trouver la boucle d'oreille de *Parvati*,
Au Manikarnika *ghat*, afin de mieux lui plaire.

De l'aube au crépuscule les *ghats* sont très fréquentés
C'est en plongeant en plein cœur de cette diversité
Que chacun d'eux nous dévoile sa spécificité :
Moment intense où l'on se sent vraiment habité.

C'est l'occasion d'observer les activités - d'une cité qui fait envie -
Se dérouler en toute simplicité comme ce que l'on fait dans la vie :
Les blanchisseurs où *dhobis* lavent beaucoup de linge en le frappant avec vigueur
Puis ils le font sécher sur les escaliers en le disposant avec rigueur.

De nombreux vendeurs s'installent à même les *ghats* sans disposer de locaux adaptés.
Des réparateurs mettent en état ce qui peut l'être avec sagacité.
Les cireurs de chaussures travaillent patiemment pour un résultat satisfaisant.
Ces personnes ne gagneront que peu d'argent mais s'en contenteront soi-disant.

Tous ceux qui sont présents sur les *ghats* ont pour obligation d'être dans l'action.
Pour subvenir à leurs besoins ils réalisent leur travail avec attention.
Ils n'ont pas besoin de boniments longtemps médités :
Le bouche à oreille est ici la seule publicité.

Prendre le grand air sur les *ghats* avec vue sur le fleuve sacré
Est ici possible à toute la création sans distinction :
C'est ainsi que des animaux vaquent à leurs occupations
Et que les fleurs attendent à même les *ghats* d'être sur le Gange ancrées.

Voici que j'aperçois au loin un petit poussin qui se tient
Sur ses longues pattes en se frayant un chemin parmi la foule,
Jusqu'à cette poule qui l'a couvé et à présent le soutient
Mais le chemin est très étroit, d'un côté la foule et de l'autre la houle.

En ce point de l'Asie au lieu-dit Kashi
Présentement quelque peu défraîchi
Tout être vivant rit ou pleure dans la douleur,
Considère vie et mort avec la même valeur.

Banaras, l'incomparable ville d'abondance
Autorisant jadis de vivre dans l'aisance
Est supposée la plus vieille ville au monde.
C'est dire toute son importance à la ronde.

# Le vénérable Gange

J'ai accompagné le Gange dans son périple musical
Depuis sa source jusqu'à sa rencontre avec le golfe du Bengale.
Il fut mon vrai refuge et il m'a conduite avec une foi amicale
Jusqu'aux rives de la réalisation de soi sans égal.

Les *yogis* bravent la rudesse du climat et des lieux usants
Dans le but de méditer près de cette rivière sibylline
Tandis que le Gange change d'état, telle une source cristalline
Et que les monts de l'Himalaya se dévoilent comme un présent.

J'ai observé *Bhagirathi* vibrant d'une soif inassouvie enfin liquide
Débuter sa traversée très haut perché avec l'exubérance d'un bolide :
Dévalant en riant les monts de l'Himalaya aux pentes vertigineuses
Et parcourir par la suite le nord de l'Inde dans une quiétude vertueuse.

J'ai vu le Gange s'unir à l'eau salée paisiblement
En un amour recueilli : c'est d'une piété éclairée !
Dans un silence joyeux mon être est devenu moiré
Alors immergé au cœur de ce lien profondément.

J'ai vécu intensément la découverte des villes qui le longent avec nonchalance
Et je me suis laissé transporter dans divers passés par des vestiges convoités.
J'ai traversé les légendes associées à ce fleuve avec beaucoup de complaisance :
Il ne fait plus aucun doute que le vénérable Gange s'inscrit dans l'éternité.

Vie ou mort, y a-t-il le choix vraiment ?
Dans la nuit certains *ghats* sont toujours fumants
Et les cendres s'élèvent dans l'espace infini
Pour finalement rejoindre ce ciel béni.

J'ai surpris le Gange jouer des airs de *tabla* tôt le matin
Contre les *ghats* vibrants et bien vivants dans leur parure satin,
J'ai apprécié le bruit d'un orage torrentiel
Dévalant du haut d'un nuage fixé au ciel.

Il est une source de vie pour de nombreux végétaux
Quand aux divers animaux, ils s'y abreuvent toujours très tôt
En ce qui concerne les êtres humains qui en sont épris,
Il purifie leur corps mais aussi grandit leur esprit.

Des divinités étonnantes se mêlent dans ses eaux d'exception.
Toi *Ganga* si belle sur ton *makara* qui est ta monture
Et toi Shiva réceptionnant la belle dans ta chevelure :
Ô *Gangadhara murti*, tu es une belle représentation.

J'ai écouté son langage discret
Dans l'obscurité d'une nuit bleutée
Et observé ses flots soudain s'enflammer
À la lumière d'un ciel d'étoiles parsemé.

Je reviendrai bientôt sur les berges du Gange ambré,
À Banaras où vécurent *Shiva* et *Parvati* pour un temps.
Là je vénèrerai les dieux *Vayu* et *Agni* bien longtemps
Avant que de prendre mon envol vers le ciel marbré.

## Le prodigieux massage ayurvédique

Le massage ayurvédique est un enchantement.
C'est un voyage sensoriel, un émerveillement.
Avec le soin approprié pour initiateur
Il devient temporisateur et révélateur.

C'est tout d'abord le parfum de résines
Qui me grise dès l'assise dans le sofa.
Puis me parviennent des mélodies divines
Qui me mettent subtilement en alpha.

C'est alors que les mains expertes du masseur
Vont et viennent avec la plus grande des douceurs.
Imprégnées d'une huile au parfum embaumant
Elles enchaînent les mouvements divinement.

Au gré d'une musique accompagnée le plus souvent de chants
On se laisse emporter comme le blé par le vent dans un champ.
Quel plaisir de ressentir son corps véritablement,
Le masseur s'adaptant à nos rythmes admirablement !

Par son incomparable technicité
Nous acceptons cette proximité
Découvrant la plénitude de l'instant présent
En relation avec un silence bienfaisant.

Le massage ayurvédique ne peut s'improviser.
Il doit être réalisé par un être avisé
En fonction de ce qui est écrit timidement
Sur nos corps à déchiffrer horizontalement.

C'est toujours une moisson de bonnes appréciations
Qui lui est réservée quel que soit l'instant.
Cela se perpétue depuis la nuit des temps
Grâce à cette part qui échoit au masseur en action.

Le massage ayurvédique à quatre mains
Est la quintessence des massages pour l'humain.
Je me délecte de la beauté du chemin
Que ces mains impriment sur mon corps parchemin ;

Il nous ouvre les portes de la santé :
Nous retrouvons force et vitalité
Sans parler de l'immense clarté
Qui émane de ce corps tout en beauté.

# L'âme indienne

En Inde la vie semble être plus douce, même dans la difficulté.
Cela est en partie dû aux sourires donnés sans compter.
Auraient-ils trouvé un moyen de sortir du cercle vicieux
De la vie et de la mort ? Ce serait un secret précieux.

La plupart des individus semblent pleinement absorbés dans leurs pensées
Convaincus qu'arrivera tôt ou tard ce qui a été pourpensé
Ainsi paraissent-ils pour l'étranger détachés de toute illusion
Et ancrés dans la réalité munis d'un indispensable diapason.

Certains expérimentent le divin en permanence :
Que ce soit dans la succession des respirations
Ou lors de chants prononcés dans la conscience
C'est bien vers lui qu'ils se dirigent avec émotion.

Il y a aussi le silence, cette suprême façon de remercier
Qui associée aux mouvements de la tête renseigne le plaisancier
Non encore familier à cette forme d'amitié simple.
À ceci s'ajoute parfois le toucher, ce sens multiple :

Il leur arrive de donner la main pour témoigner leur affection,
De toucher les pieds de quelqu'un comme signe de respect profond ;
Tout cela se fait dans la présence et l'intériorisation
Car seul l'instant présent est celui dans lequel on se fond.

Dans leur lecture du monde, la lumière est dans chaque vibration
Cela les accompagne en permanence dans leur scénologie
Et leur permet ainsi de contempler toute la création
Avec pour couronner le tout l'émergence d'une belle énergie.

La soumission à la divinité est une réalité
Persuadés que sur cette terre nous sommes par sa volonté
Et que ce qui doit se produire se produira immanquablement ;
Ainsi à quoi bon douter, vivons intensément chaque moment.

« *Ram Nam Satya He* » est répété en présence de morts sur des brancards attachés.
« *Aum Sri Ram Jai Ram Jai Jai Ram* » est l'énergie parfaite qui libère près des bûchers
*Ram* avec *Sita*, *Hanuman* et *Lakshmana* fait partie des quatre idéaux
Prononcer *Ram* est donc une invitation à se diriger de plus en plus haut

## Les sages de l'Inde

Les vrais sages de l'Inde se cachent dans l'Himalaya
Aussi ne les verras-tu point facilement ;
Ils restent en méditation idéalement
Pour se libérer de l'illusion ou *Maya*.

Si tu les aperçois, ne les dérange pas
Laisse-les t'initier à leur rythme pas à pas
Et à distance par leur rayonnement accrocheur
Qui s'étend librement vers ceux des heureux marcheurs.

Quelle bénédiction de s'immerger dans leur aura
Ils sont si éloignés des préoccupations futiles
Que de leur corps émane une clarté qui te touchera
Et sans t'en rendre compte ils t'offriront un lien utile

Qui t'ouvrira les portes vers d'autres sphères
Et notamment la plus précieuse celle des cieux.
Dans l'âge du *Kali Yuga*, il est précieux
De s'évader pour changer d'atmosphère.

C'est une surprise de découvrir la nature qui inspire
Et à travers elle le divin qui nous éclaire ;
Ceci explique leur choix en apparence peu clair
Cette grotte précaire mais dans laquelle libres ils respirent.

Enfin seuls, nul besoin à présent de lumière extérieure
Ils sont tout entier immergés dans la lumière intérieure ;
Bien qu'ils s'imposent le plus souvent certaines pénitences
L'important pour eux est de ressentir la présence.

Le seul contact des plus bruyants avec les humains
A lieu uniquement lors de certaines cérémonies
Comme sur l'île de Sagar où l'on célèbre le sage *Muni*
Et la rencontre de la mer avec un fleuve humain.

C'est aussi lors des *kumbh mela* que quelquefois
Ils effectuent de longs pèlerinages avec foi
Dans les villes concernées célébrant l'évènement
Si tant est que leur santé ne soit un empêchement.

Il te faudra beaucoup de patience et de discernement,
Pour distinguer le sage parmi tous ces *saddhus* colorés.
Intuition et sensibilité affûtées finement
Te guideront minutieusement vers un maître éclairé.

Les maîtres sont semblables à des seigneurs de cœur et d'esprit.
Ils offrent une transmission d'énergie qui n'a pas de prix
- *Shaktipat* - de maîtres à disciples car ils maîtrisent leur corps
Et nous révèlent ce qui vaut de l'or en un seul accord.

C'est ainsi que tu entres en contact avec ton vrai *guru*,
Il est si bien caché au fond de toi qu'il t'a échappé
Mais à présent c'est dans cette caverne que tu es happé ;
C'est ici qu'il faudra prendre refuge : tu es ton *guru*.

Tu n'auras alors besoin que de courage,
Pour régler les évènements dus à l'âge ;
Alors tu comprendras que parfois ami
À *Lila*, le jeu cosmique tu es soumis.

# Les deux grandes épopées

Le sanscrit, langue des légendes, témoigne de la poésie indienne.
Dans les récits comme les écrits, il nous relie éminemment
Aux temps passés qui se déploient dans les esprits infiniment
Permettant à l'imagination de remplir des pages pleines.

Le sanscrit est raffiné et la littérature associée hautement sacrée ;
Sa connaissance permet de s'immerger dans les épopées et de s'y consacrer :
Le *Mahabharata* et le *Ramayana* sont les deux plus célèbres cibles
Aussi un itinéraire d'écoute et de lecture est de partout accessible.

C'est avec sa défense que *Ganesh* prit sous la dictée
Le *Mahabharata* et en saisit le sens caché ;
Compilée par *Vyasa*, l'épopée de sang entachée
Permet de nos jours d'aborder la vie avec clarté.

Enfant j'écoutais avec une attention aiguisée
Cette aventure qui était récitée avec passion
Et je m'efforçais d'en comprendre la signification
Seule puis aidée par des adultes l'ayant avalisée.

Je pris conscience du rôle majeur de *Krishna*, maître éclairé incontestablement
Et huitième incarnation de *Vishnu* - impliqué dans la préservation du monde.
C'est une approche de la loi secrète du *dharma* qui nous est offerte en une seule onde.
Je me suis souvent plongée dans l'épopée pour appréhender un évènement.

J'ai vécu l'ensemble de ce conte surprenant intensément :
Immergée dans ce champ de bataille j'ai connu le tourment
Je me suis imprégnée des enseignements d'un dieu prospère
Et le *yoga* m'a permis de consumer d'austères mystères.

J'ai enfin réussi à sortir de cet enfermement
Et finalement j'ai atteint la lumière d'un ciel aimant.
Je comprends que ces paroles soient un support spirituel
Apportant en ce monde espoir et amour non virtuel.

Les murs de ma maison sont couverts d'images illustrant ces épopées osées
J'aime les sculptures taillées dans la pierre et le bois qui sont à la vente proposées
Tout comme les représentations de *Kathakali* ainsi que celles en plein air
Avec ces personnages de marionnettes dans les théâtres d'ombre les bras en l'air.

Magnifique poème traitant d'amour et de loyauté sublimée,
Le *Ramayana* compte la vie de *Rama* et de *Sita* l'aimée,
L'enlèvement de celle-ci par le démon *Ravana* de Lanka
Et son retour à ses côtés finalisé dans tous les cas.

Cette histoire qui éloigne l'obscurité est plaisante à parcourir
Avec pour point d'orgue un éveil spirituel amplement mérité
Pour celui dont le cœur à présent purifié est prêt à découvrir
L'épopée qui lui permettra un épanouissement hérité.

Je prends plaisir à écouter ou lire ces contes mis à jour
Avant de savourer la quiétude du silence en abondance
Totalement immergé dans une sagesse millénaire si dense ;
Je conterai aux miens ces tragédies florissantes un jour.

# Le divin yoga

Ô divin *yoga* capable de lier art, technique et mystère,
Tu délivres un message aux pratiquants qui ne sont point austères
Permettant *anubhava* une réalisation peu classique
À ceux qui le souhaitent au plus profond de leur être unique.

J'ai expérimenté *mauna* le silence intérieur,
Indispensable au *prathyahara* ou retrait des sens ;
Je me suis évadée à l'aide de *mantras* extérieurs ;
Dans la douceur *surya namaskara* a pris son sens.

Soleil puissant, viens à moi et à ces *yogis* dégourdis
Sur les *ghats* de Banaras ou dans un quelconque paradis.
Nous t'offrons avec entrain le matin tant de salutations
Immergés dans la lueur d'une profondeur de sensations

Ô mon précieux ami, instruis-moi de ton espoir
Dans le seul but de soulager tout ce désespoir
Que je lis chaque jour en ce monde plutôt terni
Afin qu'en retour j'offre mon amour à l'infini.

Que de postures de *yoga* à notre disposition
Qui combleront tout un chacun dans leurs associations !
À cela ajoutons les *bandhas* et les *mudras*
Dans l'enchaînement des *asanas* qui surprendra.

Que d'énergies dans *pranamaya kosha* qui rapprochent
Véritablement du centre des principaux *chakras*,
C'est grâce au *pranayama* que l'on s'en approche
D'ailleurs pratiquer assidûment nous en convaincra.

Viennent ensuite *dharana* puis *dhyana*
Permettant de se diriger tout en haut vers *Kashi Puri* ;
Point de rencontre des trois *nadis* gais comme une fontaine de riz :
Sensation comparable au *nirvana* !

C'est alors le moment d'un plaisir suprême
Dans une posture au sol de détente extrême.
Être juste là, sans aucun discours que l'on déclame,
Simplement assister à l'affinage de notre âme.

*Shiva*, né de la paix, était maître en *yoga* lorsque sur terre il arriva
On lui connaît d'autres noms : *Mahayogi, Shambhu, Adinath, Bhairava*.
L'observation de ses *murtis* est inspirante pour celui qui prendra le temps :
C'est le cas du croissant de lune dans sa chevelure symbole du cycle des temps.

Ô *Krishna* dont on dit que tu as des yeux de lotus
Ton enseignement complet donné dans la *Bhagavad-Gita*
Est une expérience supérieure à l'assise en lotus
Qui enthousiasma le *yogi* qui un jour l'expérimenta.

J'ai lu les *Yoga-Sutras* et tel un fil aimant
Ils m'ont reliée très lentement au firmament :
Ils rendent sensibles à l'infini l'être,
Le corps devenant son propre maître

Qui unit notre souffle à celui de l'univers,
Qui coordonne les vibrations du cosmos aux nôtres.
Quelle fortune de pratiquer dans un espace tout autre
D'où émane des senteurs bienfaisantes de vétiver.

# Le nombre empli de joie

Les cinquante-quatre lettres de l'alphabet sanscrit possèdent des ailes
Avec une part masculine et une part féminine en elles.
Cent huit est le nombre *Harshad* transcendant que l'on apprivoise
Il signifie grande joie, celle qui a une allure turquoise.

Le Gange est par ce chiffre décrypté
Sa longitude est de douze degrés
Sa latitude est de neuf degrés
Ainsi émerge le chiffre adapté.

Selon les *Védas*, lorsque l'univers fut enfanté
Cent huit divinités devaient le protéger ;
Par la suite cent huit noms furent donnés à chaque déité :
Avec des chiffres tout est pensé en abrégé.

Dans le corps humain existent cent huit *chakras*
Qui tous convergent vers *anahata chakra* ;
Sont aussi présents cent huit *marmas* ou points spécifiques
Qui bien que cachés sont stimulés lors de la pratique.

Pour prier, un *mala* de cent huit graines se tient dans les mains
Il permet de psalmodier le *mantra* un nombre déterminé de fois
Lorsqu'il est répété, ses bienfaits sont multipliés - à chaque fois
Par cent - ce qui donnera un résultat surhumain.

En *yoga* certains réalisent cent huit salutations au soleil
Et cent huit *asanas* qui teinteront leur corps d'une couleur vermeil ;
À cela il faut rajouter cent huit *mudras*, décrits dans le *Tantra* précisément.
Selon les *Upanishads*, nous respirons vingt et un mille six cent fois quotidiennement

Soit dix mille huit cent fois la nuit et dix mille huit cent fois le jour.
Ce nombre apparaît différemment mais présent il l'est toujours :
Dans les cent huit sanctuaires de Varanasi des fleurs sont apportées ;
Pour *Kubera* cent huit noms – *Ashtottaranamavali* - sont chantés.

Parfois cent huit *lingams* représentatifs de *Shiva* sont côte à côte.
Au Kérala ce sont cent huit temples de ce dieu qui protègent la côte.
Sur les cent huit temples du dieu *Vishnu*, cent cinq sont en Inde
Un au Népal et deux ne sont présents en ce monde.

Le dieu *Krishna* est accompagné de cent huit *gopis*
Sa préférée est *Radha*, à ses côtés assoupie.
Il est bon de plonger dans les cent huit *Upanishads* ou *Puranas*.
Que se cache-t-il encore derrière ce nombre qui nous voile le *nirvana* ?

## Les temples sereins

Il est des lieux qui revêtent un caractère particulier
Ces joyaux sont les nombreux temples de paix baignés
Que j'aime passer du temps dans ces endroits entre eux reliés
Où mon être de sérénité est imprégné.

Dans le temple se manifeste la présence divine
Qui vient au service de la prière tout comme le rosaire
L'être humain oublie qu'il est plongé dans l'extrême misère
Car l'endroit reflète une atmosphère cristalline.

On aperçoit tout au loin la divinité tant recherchée,
C'est une de ses représentations qui crée l'admiration
Portés par le murmure d'un lieu similaire à un rucher
Nous nous abandonnons à une mélodieuse contemplation.

Ce sont des heures de patience qui ont été nécessaires
Pour réaliser une *murti* élégante et sincère
Grâce à des savoirs ancestraux transmis d'une façon vivante,
Par l'homme dès le début des temps aux générations suivantes.

La proximité avec la divinité est poussée tel l'entrepont
Son but est de faire émerger la vérité des tréfonds
Aussi dispense-t-elle mille attentions qui dressent alors de multiples ponts
Avec le dévot, donnant à la vie un sens profond.

La divinité est source de bénédiction : si vous êtes dans la disgrâce
Demandez à être éclairés ; par la suite vous reviendrez lui rendre grâce.
C'est pour l'heure en toute confiance que souffrances ou tracas lui sont confiés
Alors que s'impose un chant à son intention supposé la vivifier.

Parallèlement à la proximité avec la divinité
S'établit lentement une mitoyenneté avec la création ;
C'est alors que la conscience d'interdépendance, de non séparation
Fera à nouveau de nous des êtres emplis d'une grande humanité.

Ce n'est plus pour nous que nous nous rendrons au temple
Mais afin de formuler des demandes pour nos proches.
Peu à peu notre compassion alors plus ample
Transformera encore subtilement l'approche

Nos pensées et paroles étant plus bienveillantes.
Avec le temps nos demandes seront moins pressantes
Elles seront également moins abondantes :
Il n'y a plus d'urgence pour les raisons suivantes.

Nos yeux plongés dans ceux de la divinité bien gardée
Nous captons son regard céleste qui illumine notre être
Et nous révèle un mystère parfois par l'homme appréhendé
Accessible à ceux qui désirent capter l'essence de l'être.

Que demander de plus lorsque l'on a compris
Que dans la vie tout n'est en fait que réappris
Cette intuition sereine éclaire la vie étonnamment
Et invite à vivre l'instant présent pleinement.

## Les musiques et chants célestes

Il est bon de s'emplir de sons mélodieux qui rendent la vie belle.
Les artistes nous font partager ce qu'ils ont de plus intime : leurs sensations,
Grâce aux instruments refuge d'émotions qui permettent de fixer l'attention
Et d'où s'élève une musique rustique qui peut se montrer rebelle.

Ce qu'ils aiment par dessus tout c'est de faire valoir l'étendue de leur mission
Enfantée par leur imagination tout au long de la représentation.
Nous sommes constamment saisis par leur liberté de faire se succéder
Les notes de musique sans montrer de difficultés à les accorder.

C'est alors un plaisir de se laisser guider par de belles improvisations :
Ils nous offrent ce qui dépasse la parole et permet d'entrer dans la vibration ;
Grâce à cette musique des plus angéliques c'est à présent l'essentiel que l'on reçoit :
Se mettre en relation avec ce que l'on connaît bien mais ne voit point, le Soi.

Emportés par ces brillantes mélodies
Toujours offertes avec un amour avisé
C'est un bond dans l'espace qui est réalisé
Et vécu dans notre corps qui irradie.

Au vacarme des rues la musique offre un agréable contre-point
Lors d'un concert en plein air les spectateurs sont portés au plus haut point
Que ce soient les chants offerts où les notes qui coulent avec discernement
Toutes ces créations portent nos cœurs vers la douceur et l'entendement.

Oh humble *Saraswati*, déesse de la musique,
C'est dans deux de tes bras que tu tiens une *vina*
Cet instrument à cordes émet des sons si typiques
Qu'à ceux qui un jour l'entendirent espoir donna.

Oh *Shiva*, ton *damaru* sur lequel tu aimes tapoter
Enferme à l'intérieur des trésors si bien cachés
Que seul un dieu tel que toi pourra les rechercher
Afin de les dévoiler à l'homme priant à tes côtés.

Oh *Krishna*, jouer de la flûte est l'une de tes caractéristiques
Tu possèdes avec les *gopis* l'art de la communication.
Succombent-elles en t'écoutant à une expérience esthétique
Ou sont-elles sous le charme de ton exubérant pouvoir en action ?

Lorsque la voix, le corps et l'esprit sont unis
Dans cette création où toute pensée est bannie,
Un savoir ésotérique précieux resté mystérieux
Se révèle à l'être absorbé dans cet instant sérieux.

# Les danses épiques de l'Inde

Le *Bharata-natyam* originaire
Du sud de l'Inde est une danse de l'âme ;
Mouvements, rythmes et émotions vont plaire :
Ils ouvrent l'espace sous les pieds nus d'une dame ;

Sa tenue est mûrement réfléchie, le choix des couleurs également.
Quelle idée intéressante d'attacher sa longue tresse à ses vêtements
Pour ne pas être dérangée lors des enchaînements !
Un maquillage patient anime son regard éminemment.

Les répétitions terminées le spectacle peut commencer.
Le rideau va se lever alors pour tous : concentration ;
Un bref regard vers les autres artistes avant de se lancer
Et tous les personnages incarnés vont faire grande sensation.

Ce langage corporel fait preuve d'une inventivité substantielle
Les pieds battent la mesure et les bracelets s'entrechoquent avec timidité
Des chanteurs experts guident la danseuse dans sa narration partielle
Elle symbolise des pensées, des idées ou des objets avec rapidité.

Mais nous ne sommes pas au bout de nos surprises :
Voici qu'à présent l'expression des émotions
Apparaît dans la force du regard en action
Tel un metteur en scène, on saisit quelques prises.

Ce spectacle reste toutefois mystérieux
Si l'on ne comprend pas le sens glorieux
Du langage gestuel mimant une histoire
Qui se termine par une étonnante victoire.

Les mains à elles seules esquissent une danse gracieuse
Ses doigts font preuve d'une surprenante souplesse
La couleur rouge posée de façon malicieuse
Focalise le regard avec tendresse.

Voici que son buste et ses yeux pleins d'audace
Célèbrent leur jonction dans son corps en fusion
Nous sommes les témoins actifs de cette union
Et faisons silence portés par tant de grâce.

En fin de spectacle c'est une salve d'applaudissements
Ils ont été vraiment brillants tous ces intervenants
Que nous leur témoignons notre reconnaissance maintenant
Avant qu'ils ne s'octroient une période d'assoupissement.

Le *Bharata-natyam* est depuis deux mille ans une danse transmise de maître à élève.
Elle est de nos jours toujours appréciée par les spécialistes de danse dans le monde entier ;
N'oublions pas aussi l'*Odissi*, danse exceptionnelle dont l'élégance nous élève :
Elle décrit les aventures de *Krishna* et *Radha*, la bien-aimée au port altier.

## Les sublimes saris

J'aime flâner dans les rues embaumées au printemps
Et observer des *saris* aux couleurs passées
Par le soleil assidûment caressées
Qui volent aux quatre vents annonçant le beau temps.

Comment résister au plaisir de pénétrer
Dans une échoppe à tissu de ce quartier
Tant la vitrine organisée en sentiers
Invite avec subtilité à y entrer.

Les *saris* mettent en valeur la variété des matières animées
Ils subliment la créativité avec les nombreux imprimés
Et l'association de couleurs singulières qui obéit à un code.
Tout est bien pensé, structuré, élaboré, à l'image d'une très belle ode.

Dans le magasin idéalement situé,
Entourée de brillants conseillers inépuisables,
Me sont apportés une pléthore de *saris* domptables ;
Quel plaisir pour les sens cette pause instituée !

Depuis les mains alertes des vendeurs de *saris* dans leur robustesse
J'apprécie de voir ces rectangles de tissu épanouis
Prendre leur envol et planer dans l'espace imparti avec justesse
Pour retomber en douceur sur les épaules : c'est inouï.

J'apprécie cette belle pièce qui cache les défauts dont le corps est empli
J'expérimente divers drapés et m'en libère comme d'une exuvie
J'intègre le lien entre statut social et agencement des plis
Et pour plus de discrétion j'opte pour celui de la famille *Nivi*.

Quel plaisir pour une femme tel que pour l'insecte de muer,
Ce désir de changer laisse les vendeurs muets
Cela permet de maintenir la tradition
Dans ce bas-monde où tout est en évolution.

Dès que j'aurai enfin quitté ce lieu agréable
Les vendeurs partiront à la conquête
D'une cliente ayant pour seul vœu avouable
Celui de paraître toujours plus coquette.

C'est avec enthousiasme, énergie et passion
Qu'ils l'aborderont aussi délicatement
Cernant très rapidement son tempérament
Réussissant à lui donner satisfaction.

Ces vendeurs attentionnés sont toujours dans l'instant présent
Attentifs à combler un désir d'enchantement
C'est ainsi qu'ils sont en perpétuel mouvement,
Qu'ils en soient chaleureusement remerciés à présent !

# La prestance de la femme indienne

Observez cette jeune fille sur le point de se marier
Dans sa tenue rouge et ses accessoires appariés
Son visage exprime l'angoisse, bien qu'elle la minimise,
De voir le mari auquel elle a été promise

Observez la charmante dame réaliser un *rangoli*
Selon l'État on lui donne un autre nom tout aussi joli ;
Ce sont de belles représentations qui prennent forme très tôt le matin
Afin d'accueillir ce jour nouveau et d'éloigner tout diablotin.

Observez une femme prier dans le Gange vénéré
Elle salue consciemment la source de vie inaltérée
Puis elle s'immerge habillée dans l'eau pour se purifier
Avant de se changer et à *Shiva* se confier.

Observez une femme âgée qui se dirige vers un temple
Son allure est digne et son visage d'une grande sérénité
Pour déposer des offrandes il lui a fallu emprunter
Choisies avec justesse, elle les transporte d'un mouvement ample.

Avez-vous deviné son souhait non dévoilé ?
Quitter enfin cet itinéraire souvent voilé
Aussi désire-t-elle un *darshan* avec la divinité :
Cet échange conscient de regards est dans son cas bien mérité.

Observez toutes ces femmes prier le matin dans l'immobilité
Devant un arbre finement odorant car actuellement en effloraison
Nombreuses sont celles qui se prosternent avec dévotion devant ce figuier
Devant *Brahma* dans sa racine, *Vishnu* dans son tronc et *Shiva* dans sa frondaison.

Observez les femmes qui chaque jour mettent en valeur leur beauté
Les vêtements soigneusement choisis les font paraître sages
Une subtile touche de maquillage met en valeur leurs doux visages.
Les pieds nus joliment décorés de bracelets argentés

Nous invitent à les suivre du fait de leurs tendres sonorités.
Si l'on observe avec attention, les bagues qu'elles portent aux pieds
Révèlent parfois un statut de femmes mariées en été.
Que la femme indienne a de la prestance de la tête aux pieds !

Observez une femme réaliser un plat pour le plaisir de ses aînés
Les nombreux ingrédients seront utilisés avec parcimonie.
Elle sélectionne les épices qui sont révélatrices de l'Etat où elle est née
Car cuisiner avec elles c'est raconter l'histoire d'une famille unie.

Observez ces femmes qui travaillent stoïquement
Quelle délicate façon de cueillir le thé dans leurs corbeilles tressées.
On les voit parfois transporter de lourdes charges sur leur corps cassé
C'est pourtant sans se plaindre qu'elles offrent aux visiteurs des sourires aimants.

Ecoutez les paroles pensées de ces dames
Il faut les accueillir posément.
Et les maintenir précieusement :
Ce sont des perles rares issues de leur âme.

# Les saveurs multiples de l'Inde

Les marchés couverts sont des lieux embouteillés
Qui en disent long sur les produits employés
Pour réaliser les mets expertisés
Par les étrangers toujours bien disposés.

À présent je vais me régaler
À percer les honorifiques mystères
De l'Inde entière en matière culinaire
Bien épaulée par un chef zélé.

Avec la permission du chef étoilé
Me voici dans sa cuisine à l'observer
Ici aucun bruit ne saurait s'élever :
Alors la technique nous sera dévoilée.

Quelle concentration absolue pendant la phase de création
Et ce temps passé pour soigner la présentation
Nous mesurons la raison pour laquelle ces plats font sensation
Et engendre chez tous les clients la satisfaction.

La carte des menus est très étoffée mais non explicitée
Les serveurs présentent ces spécialités avec loquacité
J'aime commander un *thali*, un *dhal* ou un poulet *tandoori*, les trois m'enchantent
J'apprécie aussi les pains - *naan*, *paratha*, *roti* ou *chapati* - car ils chantent.

Ces senteurs exotiques subtiles qui battent la mesure
Rythment le silence des mouvements des porteurs fort habiles ;
Quelles merveilleuses danses tous leurs déplacements agiles
Tant ils se mettent en valeur avec leurs princières allures.

La place que j'occupe est vraiment pratique et unique,
Elle me permet d'observer le va-et-vient constant de tous ;
Je vois d'ici les épices qui attendent sans panique
D'être cueillies et mises à l'honneur pour le plaisir de tous.

Ce que l'on nous apporte a de la valeur.
Je n'ai toujours pas choisi tant la tentation est épique ;
En attendant de goûter à tous ces délices exotiques
Je recommande un nectar ensorceleur

Et pour les papilles étrangères non averties
La dégustation d'un sublime *lassi*
Laissera comme souvenir réussi
Celui d'atténuer un feu introverti !

J'apprécie dans un cadre blanc comme le lait
Les desserts largement imbibés
Notamment ceux de miel enrobés
Qui font encore écho aux rives de mon palais.

Pour terminer c'est à la terrasse d'un café
Que nous dégusterons lentement un excellent thé
En provenance des contreforts nimbés de fées
Où il a été respectueusement récolté.

# Le riz, la céréale incontournable

Il m'est agréable d'imaginer les semences lancées à la volée
Et tomber sur la terre d'eau imprégnée avant que de germer.
Il faut ensuite invoquer ciel et terre pour qu'elles soient animées
Du désir d'émerger puis de libérer des saveurs acidulées.

Ce travail est pénible et nul n'en ressort en trompettant
Les gestes effectués sont les mêmes depuis la nuit des temps
Il faut être à la fois rapide, précis et attentionné
Et le fait de progresser tous ensemble rythme la journée.

Les plans ancrés ont tous eau et soleil à présent ;
Ils poussent sous le regard protecteur des paysans
Jusqu'au moment où se fera la cueillette à la main
Mais se mouvoir dans la glaise des rizières, est-ce bien humain ?

De leurs branches les grains se sont détachés gentiment
Tous sècheront dans le vent et sous le soleil ardent.
Ils seront de temps en temps disposés autrement
Afin que tous puissent développer un goût cascadant.

Ils seront récoltés avec une grande attention
Et seront répartis selon des critères sélectifs,
Certains s'envoleront même vers d'autres destinations :
C'est pour cette équipe unie un bilan très positif.

Le riz est la base de l'alimentation
Pour tout cuisinier il est une institution
Il provient de la culture *Kharif* semée avant la mousson
Mais aussi de la culture *Rabi* semée après la mousson.

Le riz *Basmati* m'attire aussitôt.
Reine des parfums, telle est sa traduction.
Ainsi nul besoin d'autre explication
Seul le désir de le goûter bientôt.

Le riz se caractérise par une grande diversité
Il existe des riz à grains longs et à grains ronds ; j'aime la complexité
Des riz colorés aux dominantes rouge, noire voire blanche.
Peut-on manger du riz sans prêter attention à tant de beauté !

On ignore même le plus souvent jusqu'à sa provenance.
Et pourtant les régions où le *Basmati* est cultivé,
Pendjab, Uttar Pradesh, Bengale Occidental font rêver.
Nul besoin d'adjonction d'arômes : son goût est pure romance

Quel plaisir de déguster du riz fraîchement cueilli
Que les cuisiniers vont préparer différemment
Ce sera l'occasion de les comparer vraiment
Et de dévisager les paysans énorgueillis

Nous sommes dépendants de notre mère nourricière à savoir la terre.
Le riz est un beau trait d'union entre les travailleurs éternels
Et les consommateurs de la céréale qui a du caractère :
Etre conscient de cela permettrait d'être bien plus fraternels.

## Les délicieux légumes et fruits

J'apprécie de me promener dans les marchés parfumés
Et de circuler lentement dans les sillages embaumés
Aux arômes arrangés par les commerçants ambitieux et des plus ailés
Qui aiment attirer les clients avec finesse plutôt que de les héler.

Observez tous ces fruits et légumes sur les étals s'enlacer.
Avec toutes ces variétés on n'est pas près de s'en lasser.
L'attrait débute en voyant le vendeur les agencer avec plaisir
Ils ont l'air si frais et si appétissants que nous allons en choisir.

Le vendeur le sait et passe du temps à accoler les couleurs complémentaires.
Tel l'artiste préparant son sujet il les choisit un à un,
Et il en coupe certains qui représentent des motifs opportuns,
Parfois il autorise à les goûter pour nous convaincre selon les commentaires.

Observez cette exposition de bananes : que de tailles, de couleurs et de formes.
Elles sont choisies en fonction des conditions sociales comme l'était un haut-de-forme
Cuites ou cru, dans un apéritif, voire même avec des épices,
Elles entrent dans la préparation des plats et sont un vrai délice.

Elles n'ont pas le temps d'atteindre une véritable maturité
Car ici les marchands vantent avec ardeur leurs qualités.
Certaines sont des fruits alors que d'autres sont bien des légumes ;
Ainsi aux fruits sont habilement mêlés les légumes.

L'arôme étourdissant des mangues me parvient en lettres majuscules.
Mon imaginaire éveillé s'anime telle la flamme du haut d'un bûcher
Je visualise des manguiers possédant de nombreuses panicules
Et des fruits multicolores - dans la joie manuellement décrochés -

Dont le jus doré étanche la soif des passants.
Les mangues animent aussi des desserts bien puissants
Et séduisent surtout l'artiste du Cachemire
Qui de la forme du fruit largement s'inspire.

Dans les plantations choisir de beaux ananas est d'un esthétisme qui ravit ;
Car on y trouve des fruits lourds et fermes, avec de nombreuses écailles et feuilles vernies ;
Le fruit mûr qu'il faut choisir est juteux, agréablement frais et plein de vie ;
De plus, vitamines, bromeline, manganèse et potassium au corps il fournit.

Voici à présent que les ananas chantent leurs louanges
Dans ce champ où les végétaux fusionnent à la lumière avec égard.
Ils somnolent en attendant qu'un admirateur les surprenne du regard,
Nous attirant immanquablement vers eux tels des anges.

C'est décidé ce sera un *raïta* du végétal
Que je dégusterai plaisamment comme un tout-petit,
Car se promener dans ces allées ouvre l'appétit
Du fait d'une alchimie d'arômes à nulle autre égale.

Baigné sans contrainte dans ce paisible environnement
Où tout semble pousser sans effort et tranquillement,
On peut comprendre que végétarisme et végétalisme
Développent alors une forme singulière de charisme.

## Les épices précieuses

Le plaisir commence dès que l'on achète les épices
Dans cette petite échoppe - une caverne esthétique -
Emplie d'une multitude de substances aux hommes propices ;
La palette de couleurs est simplement unique.

C'est alors que dans le magasin ombreux
S'avance vers nous un vendeur audacieux.
Si nécessaire les conseils seront nombreux
Chaque client représente un bien précieux.

Il nous vante les grands bienfaits des épices nobles comme la cannelle,
La cardamome, le clou de girofle, le fenouil, le gingembre
Et le safran. Toutes ont des propriétés additionnelles
Qu'il révèle dans un blog qu'il alimente étant l'un de ses membres.

Il aime dispenser son savoir dans la convivialité
Avec un thé offert aux clients dans la simplicité ;
À l'écouter nous en parler avec un ton léger
On lui en achèterait beaucoup de ses protégées.

À la maison l'art culinaire est réservé aux femmes
Qui sont spécialisées en médecine ayurvédique.
Lorsqu'elles cuisinent impossible d'entrer dans ce lieu magique
Elles travaillent concentrées comme l'est une sage-femme.

La cuisinière est le mentor des épices.
Elle en connaît tous les goûts et tous les bienfaits ;
Elle les ajoute au moment le plus propice
Pour sublimer un mets et nos palais de fait.

Lorsqu'elle les associe tel un chercheur avec ferveur
Le plat est alors enrichi de nouvelles saveurs ;
Les épices mises à l'honneur exploseront en bouche
Pour le plus grand plaisir des convives, ce qui la touche.

Cuisiner avec des épices est un hymne d'amour à ses ascendants ;
En effet, celles-ci sont capables de restituer les anciens souvenirs.
Il est d'usage de raconter avec plaisir ces histoires aux descendants
Qui promettent aussi de maintenir ces liens dès lors inscrits dans l'avenir.

Mais elles racontent aussi la société indienne et ses passions
Ce concentré de saveurs nous projette dans les temps anciens :
La route de la soie et des épices était une expédition
Mais quel honneur de repenser au succès de tous les siens !

Quel plaisir de partager des mets croquants
Avec des amis friands d'accords piquants !
Bien faire la cuisine est un atout réel :
Les bonnes recettes s'échangeant en temps réel.

# Le thé, un nectar particulier

Il existe des sites privilégiés en Inde qui accueillent des théiers magnifiques.
Ce sont d'immenses plantations bien entretenues à l'aspect nacré
Quelles jolies fleurs aux pétales blanches et nombreuses étamines ocrées
Qu'il nous est donné d'observer plusieurs fois dans l'année d'une façon pacifique.

Observez la manière dont les feuilles sont cueillies,
Quelle précision et délicatesse dans le geste
Et le choix des feuilles amplement accueilli
Par les adeptes comblés par un thé si digeste.

Tous travaillent à un rythme particulièrement soutenu
Espérant gagner aujourd'hui un peu plus d'argent ;
C'est alors qu'à la fin de la journée du poids obtenu
Sera déduit leur dû, par un calcul affligeant.

Malgré un salaire peu élevé pour la majorité,
Les cueilleurs - des femmes la plupart du temps - réverbèrent le charme.
Il faut très souvent patienter pour prendre en photo ces dames
Car elles ne prennent la pose qu'après une pause beauté.

Immergées au sein de ces plantations
Telles de minuscules fleurs elles apparaissent
Parmi les tons de vert et éblouissent
Le paysage par leurs intimes vibrations.

Lorsque l'on pénètre dans un salon de dégustation,
Atelier olfactif où tous les sens sont en action,
Le merveilleux breuvage se respire intuitivement
Avant d'être dégusté en expert pleinement.

On choisit fréquemment son thé grâce au nez
En résonance avec son tempérament.
Corsé ou pas selon l'heure de la journée,
En compagnie ou seul selon le moment.

Le thé de l'Inde est toujours révélation
D'Assam, de Darjeeling ou de Nilgiri,
Il naît dans des contrées paisibles et fleuries
Où les sens sont toujours en exaltation.

Blanc, vert ou noir, je les ai tous appréciés les divers thés
Que ce soit au niveau de leurs goûts ou de leurs fragrances
Mais c'est Flowery Orange Pekoe que j'ai adopté
J'ai aussi goûté au *Tchaï* une boisson très tendance.

Le gingembre, la cardamome et la cannelle sont les épices ajoutées.
Les ingrédients qui sont présents transforment en goût les belles senteurs
Et afin de combler les désirs d'un simple voyageur amateur,
On réalise souvent chez soi ce breuvage chaleureux issu du thé.

## Le lotus sacré

Il est des lieux sur terre où souffle la sérénité.
C'est le cas des jardins de lotus pleins d'humour
Qui sont la demeure de tous ceux qui veillent sur leur santé
Attentifs à leur donner toujours plus d'amour.

Lorsque je navigue dans ces lieux saturés d'excellence,
J'ai le sentiment d'entrer dans un recueil de poésie.
Quel extraordinaire vivier de plants et de semences
Aux couleurs, formes et senteurs définies qui m'anesthésient.

Des partitions indiquent que la lune fait fleurir les lotus.
J'ai décrypté à la pleine lune leurs astuces mais motus…
Toute la soif de vie de ces plantes j'ai reçue ;
Au milieu de ces fleurs bénies j'ai enfin su.

J'aime la divine beauté de ce végétal énergisant,
Son élégante et sensuelle danse dans le vent puissant,
Son aura illuminant tout cet espace opalisant
C'est alors que j'ai saisi l'importance du moment présent.

Ses racines enfouies dans les profondeurs de l'eau et bien ancrées,
Ses tiges et pétioles droits vibrant sous le soleil involucré,
Ses feuilles offrant au souffle l'espace de leur splendeur souriante,
Ses fleurs majestueuses déployées dans l'atmosphère luxuriante ;

Quelle texture soyeuse et véritablement surprenante,
L'humble gouttelette d'eau ne saurait y adhérer ;
Je ne peux résister au plaisir de les admirer
Et ainsi de m'unir à leur pureté rayonnante.

« Sentir le parfum céleste qu'exhalent ces fleurs d'exception
Et se fondre dans leur univers éveille la compassion »
M'a confié une abeille tout en poursuivant sa récolte de nectar
De fleur de lotus en fleur de lotus, sans relâche et jusque très tard.

Dans les traces parfumées des lotus empreints d'une sobriété
Qui émane de leur cœur et qui berce mon âme,
J'entre imperceptiblement dans leur lumineuse clarté,
Leur parfum rayonne en tous sens comme une flamme.

Cette fleur d'exception dans sa grande bonté et sa belle maturité
Offre aux créatures miniatures un abri ombragé des plus adaptés.
Ici c'est le royaume du silence
Et qu'elles aiment cet échange si dense

Au travers duquel se manifeste le règne végétal ;
Parfois elles perçoivent une tendre mélodie
Quel plaisir pour un animal d'écouter ce récital
Tant ces murmures font vibrer l'esprit enhardi.

J'ai feuilleté l'âme des lotus aidée des éléments,
J'ai entrevu la plupart de leurs secrets éperdument ;
Toute cette diversité conduit à une unité
Que ces végétaux transmettent avec félicité.

Ô fleur de lotus, parcelle du divin,
Eclaire à présent l'âme qui cherche en vain
Sur cette terre quelque îlot où l'on ne dit rien
Afin de devenir un peu plus aérien.

## L'Inde, mosaïque de fleurs et d'insectes

C'est au jardin du Paradis qu'est assimilée l'Inde ou Bharat
Par l'observateur qui ne voit que floraison atypique
Et multitudes d'insectes qui sculptent des mosaïques non statiques :
Que ce pays est beau et majestueux dans cet apparat !

Que le jasmin semble fragile lorsque fraîchement sabré
Il patiente - sous un abri éphémère - dûment calibré.
La vue des petites fleurs blanches est roborative
Comme le bouquet qui frappe l'odorat de façon vive.

Les œillets d'Inde offrent leurs pétales bien plissés avec majesté
Au regard de nombreux humains passionnés par tant de beauté ;
Leurs senteurs si captivantes, enivrantes et pour le moins métissées
Invitent à se rapprocher encore de la plante sur le sol vissée.

Tout petit ver-à-soi, lorsque grand tu seras,
Un cocon à ton tour tu confectionneras,
À l'intérieur duquel tu te transformeras
Et lentement un papillon émergera.

J'aime observer ces nuées d'insectes multicolores
Qui dans un atterrissage bien amorcé
Se posent avec une légèreté racée
Comme sur des fleurs sculptées dans de l'or.

Les senteurs de celles-ci font le bonheur des abeilles
Qui récupèrent entre leurs pattes placées en corbeille
Le nectar qu'elles transportent avec précaution à dessein
Et transformeront par la suite au sein de leur essaim.

Le miel a une visée préventive comme les vaccins,
Il possède des vertus éprouvées par les médecins ;
Il est depuis la nuit des temps utilisé
Nectar divin liquide ou cristallisé.

Regarde l'insecte qui flotte sur une goutte d'eau cuivrée
Cette dernière issue de la rosée s'est déposée
Sur une fleur offerte à la rivière toute enivrée :
Les trois règnes ici en harmonie sont surexposés.

Il m'est agréable d'observer la planète en fête
Initier des collaborations entre les règnes
Avec une infinie fantaisie dont on s'imprègne :
C'est un royaume propice à une expérience parfaite.

# La vache céleste

En Inde, la vache est une princesse à risque
Au point de créer blocages et paniques ;
Même si elle traverse une route dangereuse
Personne ne dérange cette dame valeureuse.

Quelle est donc la raison de ce principe toujours en vigueur ?
Oh, *Surabhi*, vache céleste appelée aussi *Kamadhenu*,
Du barattage de l'océan de lait tu es survenue ;
Ta présence est bénie et réjouit les nombreux tagueurs.

Tu es également associée à des divinités
Et pas des moindres : *Krishna* le dieu à la flûte qui luit.
Ce dernier, maître des vaches est d'une grande beauté !
Il en joue auprès des *gopis* blotties contre lui.

Vache sacrée, c'est ton lait qui est bu par les dieux avec furia :
Cette offrande se fait le soir à *Agni* et le matin à *Surya*,
Ce qui reste à *Vayu*. Le lait est vraiment un liquide nourricier :
« *La vache est la mère de l'univers*» est une formule circonstanciée.

Le lait sert parfois à laver la statue d'une divinité.
Il peut aussi s'agir du *lingam* de *Shiva*, parfois même de son *vahana* - ou monture - ;
Ce liquide aux qualités sattviques est simplement dégusté
Ou utilisé sous forme de *ghee* en cuisine ou lors des *pujas* comme signature.

Comme combustible, engrais et désinfectant,
C'est la bouse de vache qui est utilisée.
Des *saddhus* au corps argent métallisé
S'enduisent de cendres de bouses en méditant.

L'urine de vache a des propriétés présumables
Elle est employée depuis des années à des fins médicinales.
*Gao Mata*, ce qui vient de toi a une portée optimale.
Tu es une mère universelle inestimable.

Au Tamil Nadu lors de la célébration de *Pongal*,
Après un bon bain, que de temps passé à te décorer.
Ton *bindi* en *ajna chakra* est un espoir théologal
Te voilà tête transformée et de tissus bien parée.

J'aime regarder les fleurs et les clochettes posées sur ton corps.
Il est temps à présent d'achever le portrait qui t'unit
À tes amis, ceux qui avec toi sont en parfait accord
Avec leurs tenues colorées qui rappellent le jeu kani.

Le nouvel an tamoul est une fête qui renseigne :
On assiste à une complète union entre les règnes.
J'apprécie de te voir dans la pierre sculptée
Avec ton descendant présent à tes côtés.

En Inde, les vaches sont dans un temps qui n'est pas le temps
Des autres ruminants, moins aimants et moins acceptants.
Avoir une vache est de l'élevage contemplatif :
On prend ce qu'elle donne sans être pour autant hyperactif.

On dit même que la vache sacrée exhausserait tous les désirs ;
Désormais je la toucherai et ma main au front je porterai
Par respect pour l'animal qui réalise nombre de nos plaisirs
Sans aucune exigence : c'est ainsi que la tuer nul n'oserait.

# Le seigneur de la forêt

Me voici à présent en plein cœur d'une zone protégée
Pour voir un félin investi d'une singulière puissance.
Il s'agit d'un animal exceptionnel vu son aisance
À captiver et fasciner encore ce monde ombragé.

Consciente de sa démarche feutrée je reste vigilante ;
Je découvre les empreintes de ses pattes sur la terre brûlante,
Elles sont si fraîches qu'elles indiquent un passage récent.
Je suis impatiente de croiser celui qui stimule mes sens.

Je me demande ce qu'il peut faire pour occuper son temps :
S'intéresse t-il au marquage olfactif dans l'instant
Ou est-il à l'affût de cette proie étonnée
Qui a pris de gros risques par le printemps illusionnée ?

Et qui va expérimenter son attaque foudroyante ;
Car sa vue ainsi que son ouïe sont si bien utilisées
Qu'il n'a plus qu'à croquer à l'aide de ses canines aiguisées
La tendre proie sous son poids encore tremblante.

Peut-être profite-t-il simplement d'un repos diurne
Vu le territoire qu'il doit marquer régulièrement ?
Peut-être a-t-il croisé une femelle non taciturne
Qu'il a choisi de séduire en vue d'un accouplement

Qui donnera lieu à la naissance de quelques jeunes joyaux ;
La tigresse s'empressera de parfaire leur éducation
Afin que comme leurs géniteurs ils soient des tigres royaux
Et que leur allure princière leur assure entière dévotion.

Il règne ici en maître suprême
Le tigre du Bengale sans égal.
J'espère croiser un félin frugal
Pour observer son regard extrême.

Les animaux mesurent la retenue que leur impose
Leur qualité de proie idéale face à l'animal souverain.
L'empathie avec laquelle il les observe dans sa pose
Ne préjuge pas du sort qui les ravira lorsqu'ils seront sereins.

Du fait d'un camouflage réussi grâce à son pelage
Il est probable qu'il soit tapi juste derrière moi à m'observer.
Oh, *Panthera tigris tigris*, espèce à présent préservée,
Je ne suis pas sambar mais ici pour te rendre hommage.

Te photographier n'est pas chose aisée :
Tu apparais et disparais aussitôt.
Et dans le but de pouvoir t'immortaliser
Il faudra prendre des risques et se lever tôt.

Lorsque lentement tu te déplaces
Je ne vois que grâce et élégance
Qui se déploient avec audace :
Alors dans mon cœur tu es présence.

Aussi ne pouvant t'emporter avec moi,
Je m'offrirai cette étonnante pierre :
L'œil du tigre aux reflets antimatière
Afin de toujours te garder contre moi.

# L'éléphant majestueux

On ne peut parler de l'Inde sans évoquer l'éléphant d'Asie.
Lorsqu'il n'est ni en activité ni en captivité,
La baignade et la nutrition sont les deux priorités
Principales qui occupent le pachyderme emplie de courtoisie.

Croisé au seuil d'une forêt ou en pleine circulation,
Que cet animal est impressionnant et majestueux !
Pourquoi travaille-t-il pour l'humain avec délectation
Oubliant apparemment ses écarts peu vertueux ?

Ce doit être l'amour et le respect qui lui est témoigné
Par son fidèle cornac qui le forme comme un pari gagné
Avec douceur, fermeté mais aussi beaucoup d'empathie
Qui entraîneront chez lui intelligence et sympathie.

Certains éléphants ont l'habitude de fréquenter les temples
Et décorés de marques spécifiques ils bénissent les présents.
C'est avec cette trompe malicieuse aux mouvements bien amples
Qu'ils incitent les admirateurs à leur offrir un présent.

Parfois même convaincus que les bananes les vivifient,
Ils se permettent de les récupérer avec adresse
Avant que de faire leur show et poser pour des selfies :
Ils sont humains avec leur regard empli de tendresse.

Il leur arrive de participer à une *pooram* ou procession
Alors caparaçonnés et fin prêts pour l'heureuse célébration
C'est à l'écoute du maître confortablement installé sur leur dos
Que les figures se succèdent au fil d'une musique qui va crescendo.

La force et l'énergie d'un tel compagnon plein de passion
Si puissant que rien ne semble ni le surprendre ni l'effrayer
Sa mémoire phénoménale stockant les informations
Contribuent au plaisir renouvelé de le côtoyer.

Le temps de la détente et du plaisir est venu pour le bel éléphant
Qui se fait à présent toiletter par son mahout tel un petit enfant ;
Couché sur le côté il profite de massages adaptés :
Une harmonie se dégage de ces moments de volupté.

L'éléphant présent en Inde depuis bien longtemps
A été largement décri au fil du temps
À travers nombre de divinités associées
Qui sont vénérées de façon différenciée.

*Ganesh* - le dieu à tête d'éléphant également appelé *Ganesha*
Ou *Ganapati* dans le sud - est considéré comme le maître des *Ganas* ;
Il permet de sauter les obstacles qui parsèment la vie en un entrechat
Si l'on prend le temps de créer un *Vinayak* aérien au son d'une *vina*.

À Mumbai on célèbre cette divinité fort structurante.
De nombreux admirateurs accourent avec leurs créations
Et célèbrent à Chowpatty beach toutes ces réalisations
En les comparant et les immergeant dans l'eau courante.

Je n'oublierai jamais ma rencontre avec une femelle éléphant
Qui aidait son propriétaire à ranger d'énormes billots de bois.
Alors qu'elle s'approchait subtilement de moi à l'entrée d'un sous-bois,
J'ai croisé ce beau regard plein de malice avec une âme d'enfant.

# Le conducteur de rickshaw

Conducteur de *rickshaw*, à la sueur de ton front tu évites aux allochtones
Les supplices de longues marches sous le soleil écrasant des tropiques.
Tu ignores tout de ces gens dépensiers de passage dans ton quartier monotone
Et t'épuises pour sauver ta famille d'une précarité drastique.

Aujourd'hui c'est ton vieux vélo qui est cassé,
C'est donc en course à pied que tu vas exercer.
Malgré les cinquante degrés tu ne cesses de travailler,
C'est ton unique moyen de subsistance, très peu payé.

Tu ne reçois que quelques roupies et restes toujours miséreux ;
Bien qu'ils soient les bienvenus pour tes proches, tu ne peux être heureux.
Mais que peut-on faire avec si peu d'argent, si ce n'est simplement survivre ?
Pour ne pas souffrir tu restes dans le présent afin de pleinement le vivre.

Le soir tu es affaibli par la distance parcourue et les demandes des gens.
À cela ajoutons la déshydratation sous le soleil crépitant.
Mais comment peut-on s'arrêter de travailler lorsque l'on a collectionné tant de printemps
Sans pour autant avoir amassé suffisamment de cet indispensable argent ?

Tard dans la nuit tu rejoins le lieu qui te sert d'habitation,
L'épuisement se lit sur ton regard à présent décomposé
Mais à quoi sert-il de partager des souffrances sans solution ?
Alors sur ton visage chagrin c'est un sourire que tu as déposé.

Sans dire un mot tu t'allonges parmi les tiens, ta seule création,
Espérant dormir animé de pensées élevées
Afin de retrouver force et courage de te lever
Et aborder la nouvelle journée avec plus de passion.

Très tôt le matin tu reprends tes occupations
Non sans avoir fait un détour au temple
Pour y puiser quelques ressources simples
Et aborder ce jour nouveau sans appréhension.

Les touristes ne voient en toi qu'une énergie utile que rien ne freine.
Ils ne peuvent d'ailleurs dans leur superficielle observation
Ressentir le désarroi immense dont tu es une proie sereine,
Ce voyage ne représentant pour eux qu'une récréation.

Pas moyen de négocier ton savoir faire,
Les touristes sont actuellement durs en affaire ;
Pour gagner de l'argent il n'y a qu'un critère :
Travailler encore et encore jusqu'à toucher terre.

Le client est roi, il sera difficile de monnayer
Juste se contenter de protester intérieurement.
Le mieux est de rester tranquille dans son isolement
Atout fondamental de nos jours pour pouvoir travailler.

Tu aimerais t'évader dans un ailleurs où l'on prendrait soin des tiens.
Mais comment y parvenir sans cet argent qui fait loi ?
Tu as joué à des jeux de hasard comme un hors-la-loi
Tu te rends compte du résultat sans joie : les jeux ne sont d'aucun soutien.

Tu n'es pas le seul dans cette situation sévère,
Nombreux sont tes compagnons dans cette même galère.
Sans s'arrêter il faut lutter et espérer néanmoins
Car c'est le seul moyen de retrouver l'état de témoin.

Malgré le temps qui s'enfuit sans cesse comme à l'accoutumé,
Il n'en demeure pas moins vrai que ce dernier suspend son vol
Pour le plaisir du visiteur qui découvre l'Inde - sublimée
Par tant de merveilles cachées et accessibles - en un survol.

# GLOSSAIRE

Vous trouverez entre crochets une translittération en caractères romains de la phonologie du sanscrit.

### A

**Adinath**. Un des noms de *Shiva* [*Śiva*].
**Agni**. Dieu du feu.
**Ajna chakra [Ājñā cakra]**. Centre subtil situé entre les sourcils.
**Anahata chakra [Anāhata cakra]**. Centre subtil situé dans la région du cœur.
**Anubhava**. Délivrance réelle.
**Arjuna**. Personnage principal de la *Bhagavad-Gita* [*Bhagavad-Gītā*].
**Asana [Āsana]**. Posture de *yoga*. Troisième étape du *yoga* de *Patanjali* [*Patañjali*].
**Ashtottaranamavali [Ashtottara Namavali]**. Les cent huit noms d'une divinité.
**Ayurvéda [Ayurveda]**. Connaissance de la vie.

### B

**Bandha**. Contraction ou ligature. On considère les trois principales contractions suivantes.
- **Mula bandha [Mūla bandha]**. Concerne le périnée.
- **Uddiyana bandha [Uḍḍiyana bandha]**. Concerne le diaphragme.
- **Jalandhara bandha [Jālandhara bandha]**. Concerne la gorge.

**Basmati**. Reine des parfums.
**Bhagavad-Gita [Bhagavad-Gītā]**. Chant du bienheureux. Elle fait partie du *Mahabharata* [*Mahābhārata*], épopée hindoue dans laquelle *Krishna* [*Kṛṣṇa*] donne un enseignement à *Arjuna*.
**Bhagirathi [Bhāgīrathī]**. Rivière vénérée en Inde.

***Bhairava***. *Shiva [Śiva]* sous sa forme terrifiante tenant la tête de *Brahma [Brahmā]* dans l'une de ses mains.
***Bharata-natyam [Bhārata-natyam]***. Danse classique du sud de l'Inde.
***Bindi***. Marque placée entre les deux sourcils au niveau d'*ajna chakra [ājñā cakra]*.
***Brahma [Brahmā]***. Un des dieux de la triade hindouiste. Principe de création.

C

***Chakra [Cakra]***. Roue en sanscrit. On considère les sept principaux *chakras [cakra]* suivants.
- ***Muladhara chakra [Mūlādhāra cakra]***. *Chakra [Cakra]* racine.
- ***Svadhisthana chakra [Svādhiṣṭhāna cakra]***. *Chakra [Cakra]* sacré.
- ***Manipura chakra [Maṇipūra cakra]***. *Chakra [Cakra]* du plexus solaire.
- ***Anahata chakra [Anāhata cakra]***. *Chakra [Cakra]* du cœur.
- ***Vishuddha chakra [Viśuddha cakra]***. *Chakra [Cakra]* de la gorge.
- ***Ajna chakra [Ājñā cakra]***. *Chakra [Cakra]* du troisième œil.
- ***Sahasrara chakra [Sahasrāra cakra]***. *Chakra [Cakra]* coronal.

***Chapati [Capātī]***. Pain.

D

***Dal [Dāl]***. Plat à base de légumineuses.
***Darshan [Darśana]***. Échange de regard, vision du divin.
***Damaru***. Petit tambour.
***Dharana [Dhāraṇā]***. Concentration.
***Dharma***. Loi universelle de la nature qui s'exprime dans chaque être ainsi que dans le cosmos.
***Dhobi***. Laveur de linge.
***Dhyana [Dhyāna]***. Méditation.

## G

*Gana [Gaṇa]*. Génie constituant l'armée des dieux et plus particulièrement celle de *Shiva [Śiva]*.
*Ganesh* ou *Ganesha* ou *Ganapati*. Dieu à tête d'éléphant.
*Ganga [Gaṅgā]*. Le Gange.
*Gangadhara [Gaṅgādhara]*. Celui qui porte le Gange.
*Gangadhara murti [Gaṅgādhara mūrti]*. Représentation de *Shiva [Śiva]* porteur du Gange.
*Gao Mata*. Mère Vache.
*Ghat [Ghāṭ]*. Grand escalier.
*Ghee*. Beurre clarifié.
*Gopi*. Gardienne de vaches.
*Guru*. Guide spirituel.

## H

*Hanuman [Hanumān]*. Dieu-singe qui aida *Rama [Rāma]* à délivrer *Sita* enlevée par le démon *Ravana [Rāvaṇa]*, comme décrit dans le *Ramayana [Rāmāyaṇam]*.
*Harshad*. Grande joie.
*Holi [Holī]*. Fête des couleurs.

## K

*Kali Yuga*. Âge de *Kali* ou âge des conflits.
*Kamadhenu [Kāmadhenu]*. Vache sacrée issue du barattage de l'océan de lait.
*Kama-sutra [Kāma-sūtra]*. Traité qui porte sur le désir.
*Karma*. Cycle des causes et des conséquences.
*Kashi Puri*. Kashi : ajna [ājñā] chakra [cakra]. Puri : plénitude.
*Kathakali*. Forme de théâtre dansé originaire du Kerala.
*Kharif*. Une des deux cultures conduite par an en Inde, l'autre étant la culture *Rabi*.
*Kosha*. Enveloppe.

**Krishna [Kṛṣṇa]**. Huitième incarnation de *Vishnu [Viṣṇu]*. Dans la *Bhagavad-Gita [Bhagavad-Gītā]*, il enseigne le *yoga* à *Arjuna*.
**Kubera**. Dieu de la richesse.
**Kumbh mela [Kumbh mēlā]**. Fête de la cruche. Elle se déroule une fois tous les trois ans, successivement dans les quatre villes suivantes : Prayag, Haridwar, Nasik, Ujjain.

L

**Lakshmana**. Frère de *Krishna [Kṛṣṇa]*.
**Lassi [Lassī]**. Boisson à base de lait fermenté.
**Lila**. Jeu cosmique.
**Lingam [Liṅgam]**. Pierre d'apparence phallique.

M

**Mahabharata [Mahābhārata]**. La grande histoire des Bharata. Poème épique qui contient la *Bhagavad-Gita [Bhagavad-Gītā]*. Une des deux grandes épopées indiennes, l'autre étant le *Ramayana [Rāmāyaṇam]*.
**Maharaja [Mahārāja]**. Grand roi.
**Mahayogi [Mahāyogi]**. Grand *yogi [yogī]*.
**Makara**. Animal aquatique de la mythologie indienne. Véhicule de la déesse *Ganga [Gaṅgā]*.
**Mala**. Sorte de chapelet utilisé lors de la répétition des *mantras*.
**Mantra**. Formule contenant une ou plusieurs syllabes répétées plusieurs fois.
**Marma**. Point d'énergie.
**Mauna**. Silence.
**Maya [Māyā]**. Pouvoir d'illusion.
**Mudra [Mudrā]**. Position symbolique des mains.
**Muni**. Sage des temps anciens à l'origine de l'école philosophique du *Samkya [Sāṃkhya]*.
**Murti [Mūrti]**. Forme, représentation.

***Gangadhara murti [Gaṅgādhara mūrti]***. Représentation de *Shiva [Śiva]* porteur du Gange.

## N

***Naan***. Pain.
***Nadi [Nāḍī]***. Canal subtil. Les trois principaux sont : *ida [iḍā]*, *pingala [piṅgalā]* et *[suṣhumṇā] nadi*.
***Nirvana [Nirvāṇa]***. Libération.
***Nivi***. Style traditionnel de *sari*.

## O

***Odissi***. Danse classique de l'Orissa.

## P

***Paratha***. Pain.
***Parvati [Pārvatī]***. Femme de la montagne. Une des parèdres de *Shiva [Śiva]*.
***Phalguna [Phalgunā]***. La pleine lune du mois de *Phalguna [Phalgunā]* se situe entre février et mars.
***Pongal***. Fête des moissons en Inde du sud.
***Pooram***. Festival annuel dédié à la déesse *Durga [Durgā]*, une des parèdres de *Shiva [Śiva]*.
***Pranayama [Prāṇāyāma]***. Exercices de respiration.
***Pranamaya kosha [Prāṇamayakośa]***. Enveloppe d'énergie vitale.
***Prathyahara [Pratyāhāra]***. Retrait des sens.
***Puja***. Cérémonie d'offrandes.
***Puranas [Purāṇa]***. Dix-huit livres qui décrivent la création, la destruction et la recréation de l'univers ainsi que la généalogie de sages et de rois.

## R

***Rabi***. Une des deux cultures conduite par an en Inde, l'autre étant la culture *Kharif*.
***Radha [Rādhā]***. *Gopi* préférée de *Krishna [Kṛṣṇa]*.
***Raïta [Rāytā]***. Sauce à base de yaourt.
***Ram [Rām]*** ou ***Rama [Rāma]***. Héros du *Ramayana [Rāmāyaṇam]*.
- « ***Ram Nam Satya He*** ». « *Le nom de Ram est vérité* ».
- « ***Aum Sri Ram Jai Ram Jai Jai Ram*** ». « *Om et victoire à Rama, victoire, victoire à Rama* ».

***Ramayana [Rāmāyaṇam]***. Une des deux grandes épopées indiennes, l'autre étant le *Mahabharata [Mahābhārata]*.
***Rangoli***. Réalisation effectuée sur le sol, dans la rue.
***Ravana [Rāvaṇa]***. Roi-démon présent dans l'épopée du *Ramayana*. Il enleva *Sita* la parèdre de *Rama [Rāma]*, une incarnation de *Vishnu*.
***Rickshaw***. Véhicule tricycle.
***Roti***. Pain.

## S

***Saddhu [Sādhu]***. Saint homme.
***Saraswati [Sarasvatī]***. Déesse de la connaissance et de la sagesse. Parèdre de *Brahma [Brahmā]*.
***Sari***. Vêtement traditionnel que portent les femmes en Inde.
***Shaktipat [Śaktipāta]***. Transmission spirituelle d'énergie d'une personne à une autre.
***Shambhu***. Un des noms de *Shiva [Śiva]*.
***Shiva [Śiva]***. Un des dieux de la triade hindouiste. Principe de destruction.
***Sita [Śītā]***. Épouse de *Rama [Rāma]*.
***Surabhi***. Vache issue du barattage de la mer de lait.
***Surya [Sūrya]***. Dieu soleil.
***Surya Namaskara [Sūrya Namaskāra]***. Salutation au soleil.

## T

***Tabla** [Tablā]*. Instrument de percussion.
***Taj Mahal***. Énorme mausolée de marbre blanc.
***Tandoori***. Mélange d'épices. Le poulet *tandoori* est un poulet enrobé d'un mélange d'épices et cuit dans un *tandoor* ou four en terre cuite.
***Tantra***. Ouvrages dans lesquels sont présentés des formules magiques et mystiques.
***Tchaï** [Chai]*. Boisson à base de thé noir, de lait et d'épices.
***Thali** [Thali]*. Repas indien dont la composition varie en fonction des États.

## U

***Upanishads** [Upaniṣad]*. Traditionnellement au nombre de cent huit.

## V

***Vahana** [Vāhana]*. Monture.
***Vayu** [Vāyu]*. Dieu du vent.
***Vedas** [Veda]*. Textes les plus anciens révélés aux sages et aux saints de l'Inde.
***Vina** [vīṇā]*. Instrument à cordes.
***Vinayak** [Vināyak]*. Une autre forme de *Ganesh*.
***Vishnu** [Viṣṇu]*. Un des dieux de la triade hindouiste. Principe de conservation.
***Vyasa** [Vyāsa]*. Compilateur.

## Y

***Yoga***. Discipline dont l'un des buts est d'unifier le corps et l'esprit. Il existe quatre principales voies de *yoga*.
- ***Jnana yoga** [Jñāna yoga]*. *Yoga* de la connaissance.
- ***Bhakti yoga***. *Yoga* de la dévotion.
- ***Karma yoga***. *Yoga* de l'action désintéressée.
- ***Raja yoga** [Rāja yoga]*. *Yoga* royal.

***Yoga-Sutra [Yoga Sūtra]***. Ouvrage de *Patanjali [Patañjali]* consistant en de courts aphorismes sur le *yoga*.
***Yogi [Yogī]***. Celui qui a opté pour une forme d'engagement spirituel et qui pratique le *yoga*.
***Yuga [Yuga]***. Âge.
- ***Satya Yuga ou Krita Yuga [Krta Yuga]***. Âge d'or.
- ***Tetra Yuga [Tretā-Yuga]***. Déclin progressif des valeurs spirituelles.
- ***Dvapara Yuga***. Âge des doutes.
- ***Kali Yuga***. Âge de Kali ou âge des conflits.